It Must Be a Misunderstanding

ALSO BY CORAL BRACHO

Firefly under the Tongue: Selected Poems

Coral Bracho

*It Must Be a
Misunderstanding*

translated by Forrest Gander

A NEW DIRECTIONS PAPERBOOK ORIGINAL

"By means of what song" appeared in *The Paris American* (ed., C. L. O'Dell). "Observation: She can't ask any longer" and "Alzheimer's. Follow-up" appeared in a forum at *Poetry Daily*, moderated by Sally Keith and Matt Davis.

Excerpt from "Grayheaded Schoolchildren" from *The Voice at 3:00 A.M.: Selected Late & New Poems*, by Charles Simic. Copyright © 2003 by Charles Simic. Reprinted by permission of Mariner Books, an imprint of HarperCollins Publishers LLC.

Manufactured in the United States of America
First published as a New Directions Paperbook (NDP1532) in 2022

Library of Congress Cataloging-in-Publication Data
Names: Bracho, Coral, author. | Gander, Forrest, 1956– translator.
Title: It must be a misunderstanding / Coral Bracho ;
translated by Forrest Gander.
Other titles: Debe ser un malentendido. English
Description: New York : New Directions Publishing Corporation, 2022.
Identifiers: LCCN 2022000707 | ISBN 9780811231398 (paperback)
Subjects: LCSH: Bracho, Coral—Translations into English. | LCGFT: Poetry.
Classification: LCC PQ7298.12.R27 D4313 2022 | DDC 861/.64--dc23
LC record available at https://lccn.loc.gov/2022000707

10 9 8 7 6 5 4 3 2 1

New Directions Books are published for James Laughlin
by New Directions Publishing Corporation
80 Eighth Avenue, New York 10011

To my mother,
Ana Teresa Carpizo Saravia (1931–2012)

Every old man is alone
In this classroom, squinting
At that fine chalk line
That divides being-here
From being-here-no-more.

No matter. It was a glass of water
They were going to get,
But not just yet.
They listen for mice in the walls,
A car passing on the street,
Their dead fathers shuffling past them
On their way to the kitchen.

—Charles Simic,
"Grayheaded Schoolchildren"

Translator's foreword

I'll never forget reading a passage written by Bruno Schulz in which his protagonist, a child named Joseph, is stalked and trapped against a hedgerow by a howling, vicious, black dog that Joseph realizes, at the last second, is not a dog at all but, he explains, just a "man, whom, by a simplifying metaphoric wholesale error, I had taken for a dog."

Such dream logics are at work all through Coral Bracho's most personal and emotionally expressive collection of poems, *It Must Be a Misunderstanding*, dedicated to her mother who died of complications from Alzheimer's. But instead of Schulz's characteristic atmosphere of anxiety and terror, Bracho finds tenderness, humor, grace, and even a kind of bravery in the interactions of personalities who encounter each other in a "Memory Care" facility, which Bracho compares to a "kindergarten or asylum or abstract space." In the parallel worlds of the residents, a wall might be perceived as the stiff suit of a man, shadows might be taken for realities, light might be apprehended as traces of motion, quiet is strafed with fragments of voices, and everything exists and doesn't exist at the same time.

I chose to translate this whole book rather than another selected volume* because, although composed of individual poems, *It Must Be a Misunderstanding* is really a deeply affecting book-length work whose force builds as the poems cycle through their sequences. The "plot" follows a general trajectory—from early to late Alzheimer's— with nonjudgmental affection and compassionate watchfulness. We come to know an opinionated, demonstrative elderly woman whose resilience, in the face of her dehiscent memory, becomes most clear in her adaptive strategies. The poems involve us in the mind's bafflement and wonder, in its creative quick-change adjustments, and in the emotional drama that draws us across the widening linguistic gaps that reroute communication.

Surely, one of the reasons that these poems speak so potently to me has to do with the fact of my own mother's recent death due to complications of Alzheimer's. A long section of my book *Be With* is concerned with my relationship with my mother during her last years. Now those poems are too painful for me to read, but I find Coral's poems uplifting—as I suspect you will.

It's typical in translations from Spanish to English that ambiguities derived from nonspecific pronouns often need to be rendered more specifically. If in one line, a man and a woman are talking about a jaguar, for instance, and in the next line the poet writes "Tiene una mirada tranquila," the translator must make a decision about whether the man (he), the woman (she), or the jaguar (it) has that tranquil look. In poems that take place in a facility where people are literally losing their minds, mistaking identities, and experiencing hallucinations, the ambiguity of pronouns in Spanish can take on the legerdemainish drama of three-card monte. There's some guesswork involved.

* *Firefly Under the Tongue: Selected Poems of Coral Bracho* was published by New Directions in 2008.

Bracho's poems have philosophical and psychological underpinnings even when they are descriptive. Her work has always managed to mix abstraction and sensuality, but in this book the two merge into a particularly resonant combination. We are inside a mind, maybe many minds, considering a mystery with signal attentiveness, openness, and love.

I would like to thank Valerie Miles, Esther Allen, and Anna Deeny for the inspiration of their exemplary art.

FORREST GANDER

It Must Be a Misunderstanding

¿Desde qué canto, de qué pájaro,
me atraviesas como una flama, una fibra
delgadísima?
¿Y esta abismada placidez,
esta blandura suave, en qué perfil del cosmos
se asienta ahora, en qué filo
y matiz fortuito, en qué relieve?

Tiembla la tarde
entre las hojas, las flores.
La corteza del mundo
tiembla,
y es un sonido alto, ligero,
una nota muy tenue: un gesto
interno,
un trazo. ¿Desde qué cauce indetenible?

By means of what song, what bird,
do you shoot through me like a flame, a thin
fiber?
And this deep placidity,
this silky tenderness, into what cross-section of the cosmos
does it settle now, onto what edge
and propitious nuance, into what relief?

The afternoon trembles
between the leaves, flowers.
The bark of the world
trembles,
and it's a high, floaty sound,
a note barely there: an internal
gesture,
a stroke. Through what unobstructable channel?

El tiempo se abrirá
como una barca inflable
a la orilla
de un río oscuro. O tal vez
se irá cerrando.

Y ahí se agacha
para sacar a alguien del agua, o a mí.

No se te olvide—me dice que le diga—,
y aquí mismo se lo digo
entre tanta voz desarticulada.

Time will open out
like an inflatable boat
on the shore
of a dark river. Or else
it will cut off.
And over there it bends
to pluck someone from the water, maybe me.
Don't forget—she reminds me to tell her—,
and so right here I tell her,
in the midst of so many garbled voices.

Se sabe que se sabe, y se sabe
que no se sabe.
Lo que no se sabe entra
con sus finos y aguzados arpones,
con sus marañas sigilosas, su cínico,
incierto, alambre
hecho de huecos,
de esquirlas,
de asestada inquietud; lo que sabe
se asoma
sobre el domo de lo que pasa,
y algo
de esa trama, esas sombras,
percibe ahí.

(Intuitions)

She knows that she knows, and she knows
that she doesn't know.
What isn't known shows up
with its slim, sharpened harpoons,
with its secret knots, its cynical,
quivering wire
made from dints,
from spall,
from blows of uneasiness; what she knows
leans out
over the dome of what happens,
and she just barely discerns
something
along that trajectory, among those shadows.

I

Como una enfermedad en la que no entra nadie, dice

1.

Alguien cabeceando, con una luz encima
como si pesara.
Y ahí, en lo que quiero decir
hay una fila larga de sillas. Hay arcos
verdes, rojos, amarillos, que poco a poco
se van cerrando, como puertas.
Como una enfermedad a la que no entra nadie,
dice.

2.

Está bien. Nada más para que estos tres.
Repite un personaje que aparece en el centro.
Aparece en un cuadro
y él mismo
se vuelve cuadro. Como si alguien
estuviera haciendo trampa,
y no hubiera llegado.

3.

La luz se mueve como una corriente
o madeja de hilos.
Hay un barco de madera, un avioncito,
y esa corriente los mece a veces.
Hay adentro un cangrejo.
También hay un corazón.

Like a disease whose threshold no one can cross, she says

1.

Someone nodding, and the light pressing down
as though it had weight.
And right in the middle of what I want to say
there's a long row of chairs. There are green,
red, yellow arches that gradually contract
and close, like doors.
Like a disease whose threshold no one can cross,
she says.

2.

It's okay. Nothing more for these three.
A recurring character materializes in the center.
She appears in a painting
and then
becomes the painting. As if someone
were cheating
and she hadn't even shown up.

3.

The light moves like a current
or skein of threads.
There's a wooden boat, a small plane,
and the current rocks them now and then.
Inside, there's a crab.
There's also a heart.

4.

Se acerca a mí con ganas de decirme
que yo. Y ya no me dice.
Nunca se sabe la historia, insiste alguien.
Un gorrión, y de pronto bajaron
a la raíz de todo.

5.

Hay precipicios que se reordenan
con el bosquejo de un tobogán.
No encierres el hastío en el mismo círculo;
libéralo de su jaula. El arco daba vueltas
y vueltas.
Pero no sigas, porque eso es lo que confunde.

6.

Con sus maneras me ven así,
¿Y yo, cómo los veo?
¿Qué esperan?
Y da un zarpazo. No quiero.
Y ya.

4.

She approaches me wanting to tell me
that I. And then she stops telling me.
You never know the story, someone explains.
One sparrow, and suddenly they all descend
swarming the root of everything.

5.

There are precipices that they refashion
to match the sketch of a flume.
You can't bound tedium in that same circle;
free it from its cage. The hoop was spinning
and spinning.
But don't go on and on, because that's what confounds you.

6.

With their curious manners, they see me like this,
And me, how do I see them?
What do they expect?
And she takes a swipe. I don't want to.
And that's it.

7.

No sé, no sé qué son.
No sé qué les está sucediendo a ustedes,
le dice.
¿Estará mejorando? Hay algo
que cambiaron, pero nadie sabe,
nunca se sabe.

8.

Un personaje que ya no está en el agua.
Sólo un marquito lleno de diamantina.
Huellas sobre una masa.
Como de pato. De patitos de plástico.
En el bote de la basura dice:
"tiraron algo."

9.

Y no entiendo muy bien.
¿Pero sabes cuándo llegan al kínder? Sí,
es como una ventana triangular,
larga, anaranjada. Atrás hay alguien.
Pero, para mí, ésa es otra niña.

7.

I don't know, don't know what they are.
I don't know what's happening to you all,
she comments.
Is she getting better? There's something
they altered, but no one knows what,
no one ever knows.

8.

A person no longer submerged in the water.
Just a little frame freighted with glitter.
Footprints in the batter.
Like a duck's. Little plastic ducklings.
On the trashcan it says:
"They tossed out something."

9.

And I'm not so sure I understand.
But do you know when they get to kindergarten? Yes,
it's like a triangular window,
long, orangish. Behind it, someone's there.
But as far as I can tell, it's another girl.

10.

¿Estará mejorando?
Hay que meterla en la regadera.
Está con un delantal. ¿Trabajaste?
Sí trabajé. Debe ser un malentendido.

11.

Ya no se tarden. Pienso que alguien piensa.
Un techo rosa con muchas tuberías
y alguien se tapa la cara
con una tinta.
Sonríe del lado izquierdo.
Es el final. Y te tocó la opción.
Pero, para mí, ésa es otra niña.

12.

No vuelvan, dice.
Nunca se conoce la historia.
La ventana se va acercando y acercando;
atrás hay alguien,
pero se borra, y sólo queda esa luz,
esa luz amarilla.

10.

Is she getting better?
You have to put her in the shower.
She's wearing an apron. You were working?
Yes I was. It must be a misunderstanding.

11.

Don't be late. I think someone thinks.
A pink roof strewn with many pipes
and someone blots out her face
with some ink.
The left side of her face smiles.
That's the end. And you're granted the option.
But as far as I can tell, it's another girl.

12.

Don't come back, she says.
No one knows the story.
The window gets closer and closer
and behind it, someone's there
but she's been erased, and only the light remains,
that yellow light.

No está aquí mi maleta,
pero tampoco está el cuarto.
¿Qué cuarto? No he estado
en ningún cuarto aquí, pero debe haberlo.
¿Dormí en él?
Había varias personas, pero no sé si yo estaba.
¿Dónde dejaron sus maletas?
Acaban de pasar junto a mí dos de ellos
y dieron vuelta en el corredor.
¿Pero en cuál? Todos los pasillos son blancos,
y todos parecen estar forrados.
Deben ser ellos los que me trajeron a este lugar.
Seguro entraron a bañarse,
y seguro creen que yo sé cómo llegar ahí,
o al cuarto,
o a algún pasillo más amplio,
que debe haber en alguna parte,
para poner las maletas,
una junto a la otra, sobre unos tubos rojizos.
Pero quién sabe si ahí también esté la mía.
Oigo el ruido de las regaderas.
Todas están abiertas y el agua sale con fuerza
y gira, pero hay algo sucio
que no se va.
Antes tengo que encontrar mi maleta,
aunque no hay lugar en las regaderas para ponerla.
Las personas que entraron ya no están.

My suitcase isn't here,
but neither is the room.
What room? I haven't been in any
room here, but there must have been one.
Did I sleep in it?
There were some people, but I don't know if I was there.
Where'd they leave their bags?
Two of them just passed me by
before they turned into the corridor.
But into which one? All the hallways are white,
and they seem to be padded.
It must be those two who brought me to this place.
Probably they went to shower,
and no doubt they assume I know how to get there,
or to the room,
or to some more central hallway
that must be around here somewhere,
which is where the suitcases go,
one next to the other on some contraption of red tubes.
But who knows if mine is there too.
I hear the noise of the showers.
They're open full blast and the water gushes out
and swirls away, but there's something dirty
that doesn't drain off.
First I have to find my suitcase,
although there's no place in the showers to put it.
Those people who came in aren't here anymore.

Voy a esperar aquí, a ver si pasa alguien
que me diga otra vez cómo volver. O a ver si quiere
llevarme.

I'm going to wait here, see if someone comes by who can tell me how to get back. Or see if they want to guide me.

Los gestos de los otros nos dicen
lo que debemos sentir; también
lo que debemos temer: Ese señor
que nos miró en la calle; ése;
el enojado,
el hosco, es el que vendrá de noche
y se sentará en la silla
junto a la puerta de tu cuarto.
Es él, al que habrá que vigilar,
sin tregua,
por muchas horas,
y que tal vez se quede.
O desaparezca.

The gestures of others tell us
what we should feel; also
what we should fear: That man
who stared at us on the street; him;
the angry guy,
the sullen one, he's who will come at night
and sit in the chair
next to the door to your room.
He's the one who will have to be watched,
without letup,
for hours and hours,
and who might just stay there.
Or disappear.

La casa gira
y cada cuarto es nuevo
cuando ella entra. Sabe
—o aparenta saber—que esos cuartos son suyos,
y que es ella
el anfitrión que deberá mostrarlos, una
y otra vez, para compartirlos, tocarlos,
y nuevamente desconocerlos: una
y otra vez.

The house revolves
and each room is new
when she enters. She knows
—or pretends to know—that those rooms are hers,
and that she's
the hostess who must show them, again
and again, so they can be shared, touched,
and freshly forgotten: again
and again.

II

La reina está sentada en la plaza. Detrás de las olas negras

1.

No me digan lo que ya les dije,
dice una de ellas;
aunque la otra,
sorprendida
y molesta, va cambiando
muy rápido. Dice que sí
pero ya trae un antifaz.

2.

Pobre, dice alguien, pobre.
Y allá abajo despierta. Luego se esconde.
Tiene una boca grande y muy roja
y está tratando de reírse.
O de no reírse. ¿A qué hora salen de aquí?

3.

La reina está sentada en la plaza.
Detrás de las olas negras.
Aun si el caballo está quieto
es el aspa del fuego, pero ellos
no ven.

The queen is seated in the plaza. Behind the black waves

1.

Don't tell me what I already told you,
one of them says,
although the other,
surprised
and annoyed, is revamping herself
very quickly. She says OK,
but she's already bringing out a mask.

2.

Poor thing, someone says, poor thing.
And down below she wakes up. Then she hides.
She has a mouth that's large and quite red
and she's trying to laugh.
Or not to laugh. What time do they leave here?

3.

The queen is seated in the plaza.
Behind the black waves.
Even if the horse calms down
it's a blade of fire, but they
don't see that.

4.

Son pájaros que se pierden
como los rayos
de un sol. No vuelvan,
dice de nuevo.
Y los demás lo escuchan.
Son juegos falsos.

5.

Entonces estornudó.
Pero las nubes avanzan
mucho más rapido. ¿Y qué hay detrás?
¿Qué hay adentro
de ellas? Pregunta alguien.
Hay silencio, le dicen.

6.

Todo ese tiempo es ajeno. Pero aquí
hay que esperar. Lo que está enfrente
de la reina
son olas negras. Pobre, les digo, pobre.

4.

They are birds that get lost
like the sun's
rays. They never come back,
she says again.
And the rest of them listen.
These sham games.

5.

Then she sneezed.
But the clouds keep coming
all the faster. And what's behind them?
What's inside
them? someone asks.
Just silence, they tell her.

6.

All that time is alien. But here
we must wait. What's in front
of the queen
are black waves. Poor things, she tells them, poor things.

7.

Hasta que el fondo de una piedra comience
a remover su marea. ¿Qué es lo que tengo
que recordar?

8.

Es más difícil así.
Y la maestra que hace de reina.
Ya es la hora, repite.
Y no es desde abajo,
es de arriba.
Siempre tratando de salir.

9.

Entiendo, entiendo. Pero no es
lo que parece. Y hay que poner esas piezas
junto a la boca del pez. O hay que llamarla.

7.

Until the depths of a stone begin
to turn the tide. What do I have
to remember?

8.

It's harder like that.
And the teacher who plays queen.
It's time, she repeats.
And it's not from below,
but from above.
Always trying to leave.

9

I get it, I get it. But it's not
what it seems. And you have to put those pieces
next to the fish's mouth. Or you'll have to call her.

10.

Porque aunque cierren
lo voy a ver.
Y está abajo de la mesa,
pero no es lo mismo.
Ya es la hora, repite. Pero eso,
te dicen ellas,
es más difícil.

10.

Because even if they close,
I'm going to see it.
And it's under the table,
but it's not the same.
It's already time, she repeats. But that,
they tell you,
is harder yet.

Las piezas del rompecabezas
se pierden, pero no la mirada
que lo sabe suyo.
Las formas, los objetos, se funden,
se desmoronan; pero el sentido
del conjunto persiste: entre momentos,
entre ficciones,
bajo fracturas incesantes. Como un umbral,
un asidero.

The puzzle pieces
get lost but not the look
she knows to be hers.
The forms, the objects, they merge,
they crumble; but a feeling
for the ensemble remains: between moments,
between fictions,
despite constant fractures. Like a threshold,
a hand hold.

Ese pájaro
que baja a picotear el asfalto
muy cerca de su pie, es algo
que jamás ha visto.
No hay con qué compararlo;
nada que lo emparente con aquel gato
o que comparta
con ese arbusto.
Todos son habitantes inesperados;
contundentes presencias
del espacio que, de momento,
compartimos con ellos. No hay reinos
que los reúnan o los separen
en sus precisos territorios,
ni palabras
donde se empalmen. Éste,
que ahora agita las alas
y brinca entre la hierba y el polvo,
es único.

That bird,
dropping down to peck the asphalt
so close to her foot, is something
she's never encountered before.
There's nothing to compare it with;
nothing that links it to that cat,
nothing it shares
with that bush.
They're all unanticipated tenants;
convincing presences
in a space that, for the moment,
we share with them. There aren't kingdoms
that harbor them or separate them out
into their particular territories,
no words
that link them together. This thing here,
fluttering its wings now
and hopping between the grass and the dust,
it has no likeness.

¿Quién es el presidente de este país?
—Pues depende; para unos
es uno; para otros es otro.
¿Cómo se llama esto?
—No sé, doctor, porque yo no uso
eso; sólo usted.
¿Cuántos hijos tiene?
—Muchos.

¿A qué se dedicaba usted antes?
—Ahora me va a pedir
que dibuje un reloj.
¿Usted bailaba?
—Sí, claro, por supuesto que bailaba.
¿Y viajó alguna vez?
—Sí, claro.
¿A dónde?
—Pues a donde iban todos.

(Alzheimer's. Follow-up)

Who is the President of this country?
—Well, it depends; for some
it's one person; for others it's someone else.
What is this called?
—I don't know, doctor, because I don't use
that; only you do.
How many children do you have?
—Quite a few.

What did you used to do?
—Now you're going to ask me
to draw a clock.
Did you like to dance?
—Yes, of course, of course I danced.
And did you ever travel?
—Yes, naturally.
Where to?
—Well, to the same place everyone went.

¿Cuál es el hilo que nos narra
y nos da solidez
cuando no hay trayectoria
que nos explique?
¿Cuál es el hilo que sabemos vital?
Aquel, quizás, que hilvana el puñado de gestos
en los que somos; donde sentimos
que aún tenemos control. Gestos
que repetimos como certezas; que son contornos
de esas certezas que alguna vez nos moldearon,
y que ahora nos trazan
y fijan
como sombras. Certezas
cuyo sentido y origen desconocemos,
pero que aún nos cubren,
y nos protegen, como escafandras,
como rejas;
que aún nos permiten mirar tras ellas
el mundo:
esa inquietante, inaprehensible
extrañeza.

Which thread is the one that tells our story
and lends us substance
when there's no trajectory
by which to make sense of ourselves?
Which thread are we sure is vital?
The one that, maybe, ties together the handful of gestures
that comprise us; so we feel
we still have control. Gestures
that we repeat as certainties; that delineate
those certainties which once shaped us
and which now delimit
and nail us
to our shadows. Certainties
whose meaning and origin we don't know,
but which nevertheless enclose
and protect us, like dive helmets
or grilles;
which still let us look through them
into the world:
that disquieting, incomprehensible
strangeness.

III

Y saca la cara roja de un jaguar que se convierte en gato

1.

Muéstrame algo, le digo.
Y saca la cara roja de un jaguar
que se convierte en gato. Tiene
una mirada tranquila que pregunta,
y todo alrededor es amarillo.
Ahora queda sólo el trazo
de una oreja que se inclina
para escuchar.

2.

Hay un árbol entre las llamas.
Pero no son llamas reales, nos dice.
Luego se levanta y camina. Es como la luz
de un escenario. Y ahí se trata de acomodar.
Para que parezca un bosque, nos dice
desde allá arriba.

3.

Ahora es una bailarina muy larga
que se inclina sobre nosotros.
Parece que está llorando. Pero
su cara se desprende
porque es una máscara blanca.
Sal de ahí, le dice. Y quieren
que digamos que sí. Pero no,
no se sabe, aunque nos lo digan.

And let's see the red face of a jaguar that turns into a cat

1.

Show me something, I say to her.
And she shows me the red face of a jaguar
that turns into a cat. It has
such a calm, questioning look,
and everything around is yellow.
Now all that remains is that angle
of its ear cocked
to listen.

2.

There's a tree inside the flames.
But they aren't real flames, she explains
Then she gets up and walks around. It's like the light
on a stage. And then she makes an adjustment.
To make it look like a forest, she tells us
from up there.

3.

Now it's a long-limbed ballerina
who leans over us.
She seems to be crying. But
her face pops off
because it's a white mask.
Get out of there, she demands. And they want
us to say OK. But no,
it's never clear, even when they tell us how.

4.

Está sentada en una mesa,
junto a la cocina. Pero no se entiende.
Como si estuviera pasando algo
igual que todos los días.
Igual. Pero no se pudiera.
Aunque esté la comida ahí.

5.

Entréguenme. ¿Qué?
Y ése es un mono pequeño. Tiene huecos
en la cara que son sombras.
Sal de ahí. Y pone la boca como si fuera
a dar un beso. Se acerca
para darle un beso. Pero no se lo da.
Lo da un poquito más lejos.

6.

Como si se estuviera viendo
dar un beso. Hay alguien que va en un barco.
Se agarra del mástil con los dos brazos. Como una
bandera. Y de pronto ya no es él
sino un pescado, que va en el barco
mientras avanza. Un barco de vela.

4.

She's sitting at a table,
next to the kitchen. But it doesn't make sense.
As if what's happening
were just the same as any other day.
The same. But it can't be.
Even though the food is there.

5.

Give me. What?
And that's a little monkey. The hollows
in its face are just shadows.
Get out of there. And she pouts her lips as though
to give a kiss. She comes nearer
to plant her kiss. But she doesn't do it.
She blows the kiss from a distance.

6.

As if she were looking at herself
planting a kiss. There's someone who goes off in a boat.
He clings to the mast with both arms. Like a
flag. And suddenly it's no longer him
but a fish that goes off in the boat
as it sets out. A sailing ship.

7.

Pero ya ese barco se eleva
y está volando. No entiendo nada, le digo.
Ésas son puras tonterías.
Y hay una imagen, pero parece
cubierta por una niebla
muy densa, muy oscura.

8.

La lancha que sale ahora
es muy chiquita y muy rápida.
Gira y da vueltas en el aire.
El que la maneja tiene un sombrero
y brinca, como si bailara.
Brinca y traza líneas en el cielo.

9.

Pero mejor dime algo, le digo.
Y me enseña unas libretitas
que hablan. Fíjate
en lo que te dicen, me dice alguien
que acaba de entrar por otra puerta.

7.

But already that ship points upward
and it's flying. I don't understand any of this, I tell her.
It's all pure silliness.
And there's an image, but it seems
shrouded by a mist
that's terribly dense, terribly dark.

8.

The launch that leaves now
is tiny and very fast.
It pivots and spins in the air.
The man at its wheel wears a sombrero
and leaps around like a dancer.
He's leaping, scratching lines into the sky.

9.

But why don't you tell me something, I say to her.
And she shows me some little notebooks
that speak. Pay attention
to what they tell you, someone tells me
who has just entered through another door.

No quiero que vuelva nunca
esa señora
que sólo dice tonterías:
Que levante los brazos, que mueva el pie. Puras
tonterías. ¿Por qué voy a hacer eso
que ella quiere?
Me enojé mucho.
La empujé. Váyase ya, váyase,
le dije.
Luego cerré la puerta.

I don't want that woman ever
to come back,
she spouts nothing but nonsense:
Now lift your arms, now move your foot. Nothing
but nonsense. Why should I do
whatever she wants?
I got really mad.
I pushed her. Get out of here, get out,
I told her.
Then I shut the door.

¿Qué edad tengo?
A esa edad que me dices,
¿quién puede ser tan feliz como yo
que puedo hacer todo
lo que más me gusta: bailar,
cantar? Y de esta enfermedad
de las palabras, el amor de Álvaro,
y tú
—con estas cosas que hacemos—,
me van a sacar.

(She speaks)

How old am I?
Whatever age you say—
Who could be happier than I am
doing everything
I love most: dancing,
singing? And from this disease
of words, Alvaro's love,
and you
—with these things we're doing—
you two are going to get me out.

El sentido es lo que acomoda las cosas
en donde ellas sienten
que pueden estar.
Lo que sabe cuánto se alejan
y cómo se acercan
o convergen.
Hay una calma, una alegría serena,
que despliegan y ofrecen
si él las toca.
Cuando el sentido es parte
de las cosas que hacemos,
cuando surge con ellas, o las enciende,
es su aliento;
es su fuerza.

Meaning is what accommodates things
wherever they feel
they can be.
It judges how far they go
and how near they come
or how they converge.
There's a calm, a serene joy,
that things peel open and render
if meaning touches them.
When it's part
of the things we create,
when it rushes side by side with them, or lights them up:
that's its breath,
its force.

IV

Pero no sientan que es sólo andar dando vueltas lo que nos tiene aquí

1.

Ya llegaste, mi reina,
ya llegaste. Tranquila, sí.
Ésa es la canción.
Una ventana que mete alquien
en una bolsa. No empujen, les dice.

2.

¿Ésta es la escuela?
No respondan, insiste.
Es un barco.
Pues si no, que lo saquen. Es un barco
que se mueve.

3.

¿Pero, por fin, quién viene?
Hay un límite, y el que se asome
lo va a escuchar.
Y son otras caras. Pero ahora es un niño chico.
Y está pintado.
Igual.
Con esos mismos colores.

But they don't sit since it's only walking in circles that keeps us here

1.

You already arrived, my queen,
already you arrived. Quiet, yes.
That's the song.
A window that stuffs someone
into a bag. Don't push, she tells them.

2.

Is this the school?
Don't answer, she insists.
It's a boat.
Well, if it's not, let them take it out. It's a boat
that moves.

3.

But, finally, who's coming?
There's a limit, and whoever shows up
is going to hear it.
And those are other faces. But now it's a little boy.
And he's painted.
Just the same.
With those same colors.

4.

De pronto, todo es un pedacito de cielo.
Una luz muy fuerte
desde allá atrás.
Y alguien parece estar tapado con la cortina.
Pero luego se ríe y nos ve.

5.

Abran ese armario si quieren.
Pero no sientan que es sólo
andar dando vueltas lo que nos tiene aquí.
¿Quién se subió a la cuna?
Hay un límite, dije. Y el que se asome
lo va a escuchar.

6.

Escalofríos
y saltamontes en la misma cabina. Así
le dijo. Y se enojó más.
Todo es a tropezones.
Y luego quieren volver.
¿En dónde están los otros?
Pero no empujen.

4.

Suddenly, everything is a little piece of sky.
A very strong light
from far back.
And someone seems to be wrapped in the curtain.
But then he laughs and sees us.

5.

Open that closet if you like.
But don't feel like it's just
hanging around, what keeps us here.
Who climbed into the crib?
There's a limit, I said. And whoever shows up
is going to hear about it.

6.

Grasshoppers
and shivers in the same cabin. So
he said. And she got madder.
Everything happens in fits and starts.
And then they want it back like it was.
Where are the others off to?
But don't push.

7.

Alguien está metiendo la ventana
en la bolsa. Tranquila, sí.
¿Y la escuela?
Que no responda nadie, advierte.
Pero le vuelven a preguntar.

7.

Someone is stuffing the window
into the bag. Quiet, yes.
And the school?
Better not answer, she warns.
But they'll ask her again.

Sí, todo se mueve,
todo cambia de forma, de lugar.
Todo pierde
el contorno que lo contiene
en su propio espacio,
en su propio rostro, en el sonido
que retiene su nombre; pero una nota
es otra cosa.
Una nota no puede cambiar.
Una nota está dentro de uno,
y si se la canta
del modo en que no es, ella se crispa
y lo rompe todo.
Lo desbarata todo.
Una nota es así
y se tiene que respetar. Una nota es
como es.

Sure, everything moves,
everything changes form, place.
Everything loses
the outline that keeps it
to its particular space,
to its particular face, to the sound
that harbors its name; but a note
is something else altogether.
A note can't change.
A note is within you,
and if you sing it
wrongly, it will cringe
and everything is ruined.
It undoes everything.
That's what a note's like
and it has to be respected. A note is
what it is.

No hay palabras,
pero sabe que aquella melodía
nos dice algo desde ese trazo delicado
y preciso, que alcanza (toca)
un espacio sensible.

Que otra lo pone en duda con suavidad, y lo formula
con nuevos rasgos.

Que la primera lo retoma
y lo ahonda, y la segunda lo expande, lo enriquece.

Las dos se enfrentan
y juegan. Se complementan.

Sabe—lo percibe, lo siente—que todo eso
es una hermosa y nítida manera de hablar;
una forma gozosa de entenderse. Algo
que sugiere
y engendra calidez y nobleza;
que la envuelve y la acoge; que le da calma.

There are no words,
but you know that melody
has something to say to us from its delicate
and precise intimations which reach (touch)
a space of feeling.

Which another melody tentatively questions, and recalibrates
with new features.

Which the first one takes up
and deepens, and the second expands, enriching it.

The two face off
and they harmonize. Complementing each other.

You know—sensing it, feeling it—that all of it
comes to be a clear and beautiful mode of speaking,
a joyous means for understanding. Something
that conveys
and arouses warmth and nobility;
that surrounds and welcomes you; that brings you calm.

V

Como el pico de otro pájaro y la cabeza que sigue al pico

1.

Extraño los colores, dice ella.
Pero es sólo el principio,
le dicen. Hay que esperar.
Ahí están. Escondidos.

2.

Son telones negros,
y cada uno
es como un bosque. Muy, muy cerrado.
Porque es casi de noche.
¿Hasta cuándo?
¿Hasta cuándo regresan? Eso
ya se sabrá.

3.

Pero no busques, le dicen,
deja que venga. ¿Que venga quién?
¿Son también árboles?
Pero mejor no digan
lo que no son. Alguien está sentado
en la tarima.

Like the beak of another bird and the head that follows the beak

1.

I miss the colors, she says.
But it's just the beginning,
they tell her. We have to wait.
They're there. Hidden.

2.

They're black curtains,
and each one
is like a forest. Drawn very, very tight.
Because it's nearly nighttime.
Until when?
Until whenever they return? That,
you'll come to know in time.

3.

But don't look, they tell her,
let it come. Let who come?
Are they trees, too?
But better not say
what they are not. Someone is seated
on the stage.

4.

No es exactamente eso.
Es lo que forma una silla.
¿Lo que tiene en la mano?,
¿o lo que ya pasó?

5.

Lo que tiene un asiento, dice.
Y si alguien calla, no es motivo.
Pero son las líneas de la hoja
de la palmera las que lo tapan.
Es un pájaro grande que abre el pico
porque va a anunciar algo.

6.

O es más bien la forma del coco,
o algo más. Pero no,
no es eso.
Es su responsabilidad, dice alguien.
Yo pienso que son las hojas
que nadie anuncia.

4.

It's not that, exactly.
It's what makes a chair.
What you have in your hand?
or what's already happened?

5.

The thing that has a seat, she says.
And if someone goes quiet, that's not the reason.
But it's those lines in the palm
leaf that are blocking it.
It's a big bird opening its beak
because it's got something to announce.

6.

Or maybe it's shaped more like a coconut,
or something else. But no,
it's not that.
It's your responsibility, someone says.
I think it must be the leaves
that no one announces.

7.

Es por tu bien.
Sí, pero que ya aparezcan.
¿Hasta cuándo?
Deben tener miedo, porque si no.
Eso ya se sabrá.

8.

Como el pico de otro pájaro
y la cabeza que sigue al pico.
Pero parece estar detenido.
Hay una línea ahí.
¿Pero de dónde sale?
No se escondan.
Ya bájense, dice alguien.

7.

It's for your own good.
OK, but they're already showing up.
Since when?
They must be afraid, because otherwise.
That will come clear soon enough.

8.

Like the beak of another bird
and the head that follows the beak.
But it seems to have stopped.
There's a line there.
But where does it come from?
Don't hide.
Get down from there, someone says.

Son unos ladrones
y lo saben muy bien—gritó
en el hospital,
al despertar de la operación sin su delgada pulsera
de pequeños cristales.

No hay prisa para pagar—comentó el doctor
poco después—,
no es necesario que sea ahora.

You're a bunch of thieves
and you know it too—she shouted
in the hospital,
waking up from the operation without her thin bracelet
of little crystals.

There's no rush to pay—said the doctor
a moment later—,
it doesn't have to be now.

Los rasgos, los sonidos de las palabras
se van,
pero su sentido está ahí,
quieto,
volteando hacia el cuadro opaco
donde se esconden: Para atraparlos,
para soltar frente a nosotros algún color,
algún brillo.
Pero el fondo donde se ocultan, se internan,
es cada vez más oscuro,
y ellos más ágiles, más inciertos.
Desde dentro
se ríen,
y lo interpelan. Pero con otros tonos,
otras voces que inventan.

The attributes, the sounds of the words
simply go,
though the meanings remain there,
in stillness,
turning toward that opaque box
where they're concealed: where one might be plucked,
and a little color squeezed out for us,
some flash.
But those depths where they're hidden, interned,
get increasingly darker,
and they themselves more fleeting, uncertain.
Inside the box,
they laugh
and make provocations. But in other accents,
other voices that they invent.

¿Cómo haces para saber
que adentro de mi cama
no hace frío y allá sí?

How is it you can know
that inside my bed
it's not cold, but out there it is?

VI

Son sólo superficies, sólo plantas que están mirándonos

1.

Los ladrones perdidos regresan
al amanecer. Y ése es el único
reloj. Son campanadas tan fuertes
que no nos dejan. Y sólo estorban, le dice.

2.

Fueron y vinieron.
Y es el tiempo que se junta
y se va
por la alcantarilla. ¿Que cómo veo
ese jardín? Bien. Así me gusta,
que lo digan con fuerza. Pero no
lo voltees a ver.

3.

No se escondan, dice alguien.
Pero ése es el riesgo. Es lo que espanta.
Y las hojas no son lo que dicen ser.
Son sólo adorno.

It's only surfaces, only plants that are watching us

1.

The lost thieves return
at dawn. And that's all there is
for a clock. They chime so loudly,
we can't ignore them. And they just get in the way, she says.

2.

They came and went.
And it's time that merges with them
and swirls away
down the drain. What do I make of
the garden? It's nice. I like that
you all say so with such conviction. Just
don't turn to look at it.

3.

Don't hide, someone says.
But that's the risk. That's what's scary.
And the leaves are not what they say they are.
They're just decoration.

4.

Espérense a que por fin. Pero no enciendan
esos ecos. Son oquedades, dice.
No. Son espejismos. Pero ya no digan
tantas cosas que engañan.

5.

Lo que les da miedo
es no entender. Es estar fuera. Pero a ellos
los sostienen espejos.
Así es, miren, vengan.
Y los toma de la mano y los lleva
alrededor del jardín.

6.

La piel es más verdosa y oscura.
Y adentro hay un cocodrilo. O un espacio
que busca asustar. ¿Y qué es eso
que no se ve? Es lo que iluminan de pronto
y luego se encierra como sombra.

4.

Wait until finally. But don't turn on
those echoes. They're hollows, she says.
No. They're delusions. But stop saying
so many deceitful things.

5.

What scares them
is to not understand. It's being cast out. But as for them,
they're caught in mirrors.
That's right, look, come on.
And she takes them by the hand and leads them
around the garden.

6.

The skin is greener and darker.
And inside, there's a crocodile. Or a space
that tries to frighten you. And what's there
that no one sees? It's what they suddenly light up,
and later it's confined like a shadow.

7.

Son sólo superficies. Sólo plantas
que están mirándonos. Pero ya pónganse a trabajar.
Es lo que cimbra. Es su protección. Porque
lo que florece
se oculta siempre.

8.

¿Y usted? ¿Usted qué quiere?
No recuerdo, dice ella, no recuerdo lo oscuro.
Es el enigma del círculo, dice alguien.
Pero no me dejan oír. Son campanadas.
Son campanadas que regresan.

9.

Y eso que nunca ven
se configura. Es algo redondo.
Algo vivo. Con picos, como un maguey.
Ésos son puros espejismos, le dicen
desde ese hueco, desde las fauces abiertas
y amarillas de un tigre.
Pero sin tigre atrás.

7.

They're only surfaces. Only plants
that are watching us. But get to work now.
It's what makes us tremble. It's your protection. Because
whatever blooms
stays hidden forever.

8.

And you? What do you want?
I don't remember, she says, I don't remember the darkness.
It's the enigma of the circle, someone says.
But they won't let me hear. They're chimes.
They're chimes that keep returning.

9.

And what they never see
gets set up. It's sort of round.
Something alive. With spikes, like a maguey.
Those are pure delusions, they tell her
from that hole, from the open
yellow jaws of a tiger.
But without the tiger attached.

Hay un desajuste,
un descuadre
entre lo que surge, y la nada
por la que cruza.
Un desfase que no nos deja ubicarlo,
reconocerlo.
A veces algo ahí avisa
y nos pone en guardia. Pero casi siempre
es su fuerza ajena,
azuzante,
lo que salta primero.

There's a mismatch,
an imbalance
between what rises up and the nothing
through which it comes.
A lag that won't let us locate or
recognize it.
Sometimes something there sounds off
and puts us on guard. But almost always
it's her freakish strength,
instigative,
that sets things off.

La melodía regresa desde la hondura
con sus palabras;
surge
y se alza con ellas,
las hace hablar. En ti se dicen,
se cantan.
Fluyen
y se enlazan, se encienden,
como un festivo y sereno ensalmo
sobre lo oscuro; como un indicio
y su trama, su manantial.

The melody returns from the depths
along with her words;
it surges forward
and takes its place with them,
enjoining them to converse. In you, they speak,
they sing.
They flow
and interweave, they light up
like some festive, serene incantation
afloat in the dark; like a clue
and its plot, its wellspring.

VII

No encuentres ya tantos barcos, le dice.
¿Tantos barcos en dónde?

1.

No nos recuerda nada.
No nos dice nada. Pero la luz
es la que se aleja. Es la línea
que va avanzando.

2.

Hay que buscar
lo que falta. No lo que hace ruido.
No se escucha casi.
Pero en la zona blanca
hay un caballo acostado que galopa.

3.

No encuentres ya tantos barcos, le dice.
¿Tantos barcos en dónde?
Cuando ese señor se inclina
parece una construcción. Su saco
se va entiesando. Es la cara del muro, le dice.

Stop finding so many boats, she tells him.
So many boats where?

1.

It doesn't remind us of anything.
It says nothing to us. But it's the light
that is moving away. It's the line
that's advancing.

2.

Let's take a look for
what's missing. Not for what makes noise.
She can barely hear.
But in the white zone
there's a horse lying down and galloping

3.

Stop finding so many boats, she tells him.
So many boats where?
When the man leans forward
he looks like a construction; his suit
is so stiff. It's the face of the wall, she says.

4.

Ahora vean las patitas,
todas entrecruzadas en el estómago,
como agarrando algo.
Así son los principios, dice ella.
Pero no respiren así.

5.

Uno se sumerge, y luego encuentra
o rechaza algo, nos dice. Es un cuenco.
Y atrás de él hay un sol.
Hay algo que es importante y está en medio
de otros soles más grandes.

6.

Y de pronto, lo importante
es su pelo.
Crece y se achica, como si se esforzara.
Había alguien ahí con un radio.
Y a él le hablaban, pero ya no está.

4.

Now look at the little legs,
all crisscrossing its stomach,
like they want to catch something.
That's how the first ones are, she says.
But don't breathe like that.

5.

You dive in, and then you find
or give up something, she tells us. It's a bowl.
And behind it a sun.
There's something important and it's in the middle
of other suns even bigger.

6.

And suddenly, what's important
is her hair.
It grows and thins out, as if making a huge effort.
Someone was there with a radio.
And they spoke to him, but he's gone now.

7.

Es como esa planta
que es la sombra de otra.
Si alguno de ustedes
ve la luz. Está en el filo
del cuarto, y no está. Y ese papel amarillo
que tenían que doblar, que había
que dejar aquí. No sabemos
lo que tiene adentro.

8.

En el muro del cuarto que está inclinado.
Pero es su brillo esa sombra.
Y ahí se hunde.
Es la línea que va avanzando
y es también el caballo,
nos dice. Para que no le volvamos a preguntar.

7.

It's like that plant
which is another plant's shadow.
If any of you
notices the light. It's at the edge
of the room, and it isn't. And that yellow paper
that they had to fold, that just had
to be left here. We don't know
what's inside it.

8.

On the tilted wall of the room.
But the shadow is its brightness.
And that's where it sinks down.
It's the line that's advancing
and it's the horse too,
she tells us. So we stop questioning her.

No era un niño en harapos,
ni maltratado,
a quien se refería con firmeza,
indignada, dolida.
Era una azálea ancha
y llena de flores,
con dos o tres secas, marchitas,
entre muchas otras recién abiertas.

¡No hay derecho! —insistía—
¡No hay derecho!

¿Era el descuido de alguien
—del jardinero, de los dueños, tal vez—
lo que reprobaba con tajante firmeza?

¿O el de la planta misma?
¿La violencia insensible de tantas y tantas flores,
incapaces de proteger el bienestar de todas?

¿O era la ruptura
de una armonía; de una unidad,
de una forma
que así dejaba de ser hermosa?

It wasn't some child dressed in rags
or mistreated
which made her so
hurt, so angry.
It was an expansive azalea
loaded with flowers,
with two or three dry, faded blooms
among so many others freshly opened.

That's not right!—she insisted—
That's not right!

Was it someone's carelessness
—maybe the gardener's or the landlord's—
that she was reproving so firmly?

Or was it the plant itself?
The callous violence of so many flowers,
unable to protect the welfare of all?

Or was it the break
in a harmony; in a oneness,
a configuration that ruptured
and so ceased being beautiful?

Lo último que te aferra
entre el derrumbamiento de la memoria,
lo último que se rompe y se desteje con ella,
es la búsqueda
de sentido; reconocerte en ti;
y una ávida, estrecha liga
con la especie:
captar e imaginar lo que otro siente; seguir los tonos
del lenguaje; nombrar
y concebir lo abstracto: el amor,
la injusticia; sentir y disfrutar la belleza,
la música.

The last thing that holds you up
against the collapse of memory,
the last thing that breaks and unspools her,
is the search
for meaning; to recognize yourself,
and your avid, intimate alliance
with the species;
to apprehend and imagine what another feels; to follow the
                                                    intonations
of language; to name
and conceive of abstractions: love,
injustice; and still to enjoy the beauty,
the music.

Vine por eso
que pasó en Acteal.
Eso espantoso que pasó. Sí,
vine sola.
Pero aquí están todos.
Fue el gobierno, gritan.
Y yo también.

(Diary)

I came for that,
for what took place in Acteal, in Chiapas.
The horrid massacre that took place there. Yes,
I came alone.
But they're all here.
It was the government, they scream.
And I scream too.

Ese lugar del que hablas,
cuando llevas tanto sin poder hablar,
cuando no puedes ya
reconocer tu casa, y se han borrado los rostros,
las historias. Ese lugar
donde queda "el amor"; lo "más importante," me dices,
y está "dentro de ti";
ese lugar que es tuyo, y te sostiene;
que te abre al mundo.

That place you speak of,
when you haven't been able to speak for so long,
when you can no longer
recognize your house, and faces have been erased,
and their stories. That place
where "love" waits; the "most important thing," you tell me,
it's "within you";
that place that is yours, and that sustains you;
that opens you to the world.

VIII

Es la nieve en la casa la que se está moviendo

1.

Unos abren la puerta
y los otros
se van. No vuelvan, dice,
y los demás escuchan.
Como si te hubiera caído
una capa de nieve. Esto es mío,
dices. Bajo la casa oscura.

2.

Es la nieve en la casa
la que se está moviendo. Se oyen cantos
de gallos.
Su cara ya no se ve, sólo la sombra.
Hay una puerta arriba,
y una persona. Un niño.
Pero no sé quién.

It's the snow in the house that's drifting

1.

Some open the door
and the others
leave. Don't come back, she says,
and the others listen.
As if a blanket of snow
had fallen over you. This is mine,
you say. Under the dark house.

2.

It's the snow in the house
that's drifting. They hear
the crowing of roosters.
Her face is no longer visible, only the shadow.
There's a door upstairs,
and a person. A child.
But I don't know who.

3.

De pronto, todo es nieve,
todo es blanco. Un gallo se agarra
de su brazo y lo jala, lo jala fuerte.
No vengan, mejor no vengan.
Muy enojado.
Tiene la cara cubierta. Y luego baja.

4.

Pero es más bien una luz. Alguien
camina afuera
y está agachada, envuelta. La nieve
se va con ella. El gallo es negro. Y sólo
se ve la orilla de los brazos. Una niebla
los borra.

5.

Hay un puente que se mece
para adelante y para atrás.
Y un círculo que camina
y gira sobre la nieve. Es el sombrero
de una mujer. El puente ya no está
sobre el río.

3.

Suddenly everything is snow,
everything is white. A rooster clutches
her arm and rakes it, rakes it hard.
Don't come, it's better you all don't come.
Really angry.
He's covered his face. And then he descends.

4.

But it's more like a light. Someone
walks outside
and she's bent over, all wrapped up. Snow
blowing along with her. The rooster is black. And all
you can see is the edge of her arms. A mist
erasing them.

5.

There's a bridge that rocks
forward and back.
And a circle that rolls along
and spins in the snow. It's a woman's
hat. The bridge over the river
is gone.

6.

Y va avanzando. Alguien
levanta los brazos para pedir
ayuda. Desde abajo
se ve una niebla blanca. Es una piedra
iluminada de atrás. Una montaña
rota. Hay puertas que se abren,
y una cuna. Tiene la forma de un cascarón.
Una mujer está inclinada sobre ella.

7.

Oigan los cantos de los gallos.
Pero no están. Ya se fueron.
Sólo una luz muy fuerte.
Es un astro que baja.
Una bola de nieve que va hasta atrás
y regresa. Que va y que vuelve.

8.

Quédense allá. Dice él enojado.
Y después una ola se levanta
muy lentamente, como si respirara.
Una ola de nieve. La mujer
sigue inclinada sobre la cuna.
La mece.

6.

And it keeps advancing. Someone
raises his arms to ask
for help. From below
you see a white mist. It's a stone,
backlit. A shattered
mountain. There are doors that open,
and a crib. It has the contours of a shell.
A woman is leaning over it.

7.

Listen to the roosters crow.
But they're not there. They're already gone.
Just a really strong light.
It's a star sinking.
A snowball that flies backwards
and reappears. That goes and returns.

8.

Stay right there. She says, angrily.
And then a wave rises
very slowly, as if it were breathing.
A wave of snow. The woman
still bent over the crib.
She's rocking it.

9.

Pero es más bien una luz.
Es la orilla delgada
de la luna.
Es sólo un filo muy blanco. Que ya
se duerman, les dice.
Que ya se duerman.

9.

But it's more like a light.
It's the thin shore
of the moon.
It's just a very white edge. Go to sleep
now, she says.
Now. Go to sleep.

No, no me hace caso
el espacio, ya no me entiende.
No lo entiendo tampoco. Siento su hueco
como un borrón.
Como una mancha que niega
este impulso a saberlo; a encontrar
lo que rige, y decide en él.
Una tachadura que apaga
mi pregunta
antes que pueda hacerla;
que la compacta,
y la encierra
en un pequeñísimo punto oscuro.

No, the space doesn't
get me anymore, it doesn't understand me.
I don't understand it either. I feel its gap
like a blur.
Like a stain that blots out
my avidity to know, to find out
what's valid, and govern it.
A deletion that shuts down
my question
before I can formulate it;
that compresses it,
and locks it up
in a tiny dark dot.

Cuando los goznes
que articulan el mundo
se resquebrajan; cuando sus tramos
se separan, se aíslan; y sus confines,
sus encuadres, se rompen,
se desmoronan, ¿cómo
y en dónde somos?
¿Cómo unimos estupor y vacío
palpable; deslumbramiento
y concisos rastros
de oquedad, de abandono? Presencia
y nada que hable,
que la nombre.

When the hinges
that articulate the world
snap apart; when their pieces
uncouple and isolate; and their outlines,
their frames shatter,
disintegrating—how
and where are we then?
How do we account for stupor and palpable
emptiness; brilliance
and these clear signs
of vacuity, of abandonment? Presence
and the nothing that is spoken,
that can be named.

Como un oleaje en el fulgor del aire,
la música
entraba en ti. Ráfagas de ríos levísimos
se extendían en tu cuerpo; y tus brazos y tus pies
se encendían en su calma brotante,
su movimiento.

—¡Qué hermoso!
exclamaste de pronto. Y sin mirar,
sin entender, te volviste hacia aquel oscuro,
y ya implacable, silencio.

Like a radiant wave passing through the air,
the music
broke into you. Gusts of shimmering rivers
poured through your body; and your arms and feet
lit up with the music's budding calm,
its movements.

—So gorgeous!
you burst out. And then without looking,
without comprehending, you returned to your dark,
and already implacable, silence.

IX

(Observaciones)

Ya no puede pedir
que la quieran. ¿Pero quién puede
pedir que lo quieran?
Ni que se sienten a su lado a esperarla.

La vida se escabulle
con todos los gestos,
con todos los recuerdos, con toda la fuerza
medular, la belleza,
que se han hundido con ella. Hace años
que no habla.
¿Cómo piensa? ¿Como liga los difusos, desiguales
trayectos de estar ahí? ¿Y tú?—me preguntó una vez—

¿Cómo le haces
para saber?

She can't ask any longer
to be loved. But who can
ask to be loved?
Nor that someone sit beside her to wait with her.

Life slips away
with all the gestures,
with all the memories, with all its core
strength, its beauty,
which have foundered with her. Years ago
she stopped speaking.
How does she think? How does she link the diffuse, wobbly
trajectories that lead here? And you?—she asked me once—

How do you come
to know?

No me molesten

No me molesten
porque ese nudo
en la garganta

es árbol. Otro
no sé.

Don't bother me

Don't bother me
because that knot
in my throat

is a tree. What else,
I don't know.

Y la rondana prístina y oscura
a la vez,
como el principio
y final del túnel.

El tren corre en los dos sentidos,
como transcurre el río, bajo contornos de olas
que se entrecruzan:
Peces que se enfrentan
y saltan, unos
sobre los otros.

—Una tortuga
de dos cabezas
lo sostiene en su fondo:
con una
voltea hacia arriba;
con la otra
nos ve.

And the ring, pristine and dark
at once,
like the beginning
and end of the tunnel.

The train runs both ways,
just as the river does, flowing below the surface
of its crisscrossing waves:
Fish face each other
and jump, some
over the others.

—At the bottom,
sustaining them,
a turtle
with two heads:
the one
it turns upward;
the other
keeps an eye on us.